LES SECRETS DE BASTET

Génétique féline

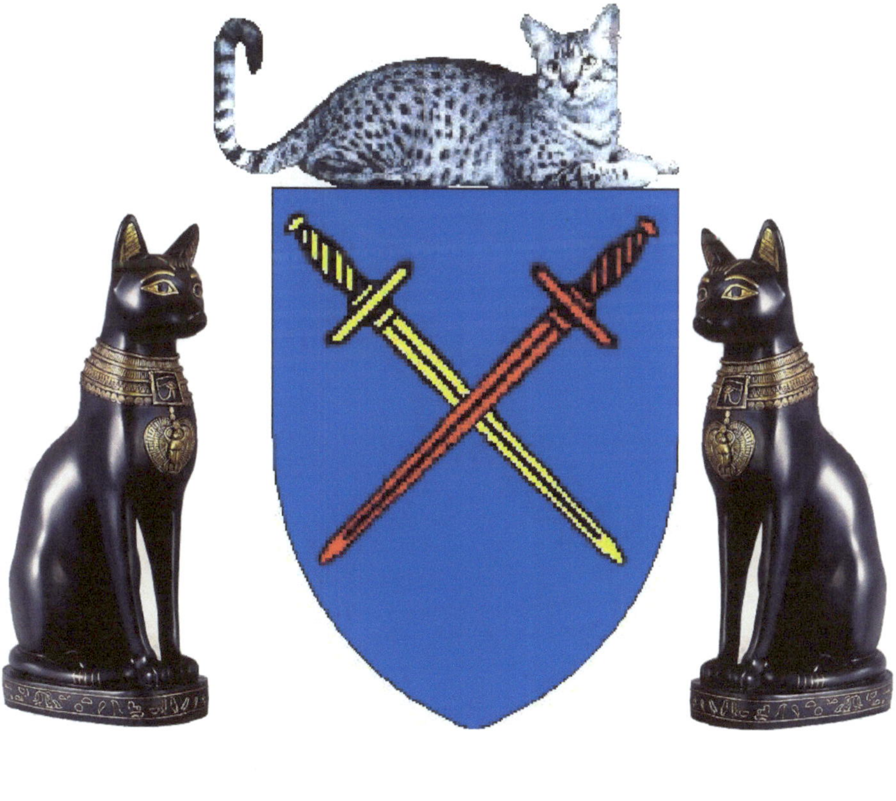

Collection Animaux

LES SECRETS DE BASTET

Génétique féline

Avertissement sur la lecture des livres numériques
Si vous utilisez la version numérique de ce livre, n'oubliez pas de tenir compte des recommandations d'utilisation liées à l'utilisation de votre liseuse, de votre ordinateur ou de votre dispositif de lecture.

La loi du 11 mars 1957 n'autorisant, aux termes des alinéas 2 et 3 de l'article 41, d'une part, que les « copies ou reproductions strictement réservées à l'usage privé du copiste et non destinées à une utilisation collective » et d'autre part, que les analyses et les courtes citations dans un but d'exemple et d'illustration, « toute représentation ou reproduction intégrale, ou partielle, faites sans le consentement de l'auteur ou de ses ayants droit ou ayants cause est illicite » (alinéa 1° de l'article 40). Cette reproduction ou représentation, par quelque procédé que ce soit, constituerait donc une contrefaçon sanctionnée par les articles 425 et suivants du code pénal.

Copyright Didier Hallépée
2011

LES SECRETS DE BASTET

Génétique féline

Disponibles chez Carrefour du Net

Collection animaux
Didier Hallépée – Le chat mau égyptien
Didier Hallépée – Citations et proverbes chats et chiens
Didier Hallépée – Mot à mau, les pensées du chat mau
Didier Hallépée – Pensées Royales Canines, les pensées du King Charles
Didier Hallépée – Mon chat m'a dit, mon chien m'a dit
Didier Hallépée – Les enfants du chat mau – histoire du chat de race

Collection romans
Claude-Aimé Motongane — Le coffret des savoirs
Bérénice Béréniccia – Le destin de l'héritière Emmienne
Bérénice Béréniccia – Le sang des messagers

Collection faits de société
D. Hallépée – Mon opérateur télécom me vole-t-il ? *(Prix Fondcombe 2012)*
Didier Hallépée – Une Orange bien juteuse
Didier Hallépée – Orange amère
Dragonera – Octopus – la conspiration des banksters
Marcus Dornbusch – Rue d'Ulm - volume 1 - le temps des impostures
Marcus Dornbusch – Rue d'Ulm - volume 2 - le repaire des escrocs
Marcus Dornbusch – Rue d'Ulm - volume 3 – l'antre des charlatans
Marcus Dornbusch – Rue d'Ulm - volume 4 – la tanière des antijuifs

Collection stratégie
Général de Brack — avant-postes de cavalerie légère
Jules César — La guerre des Gaules
Jules César — La guerre civile
Jules César — La guerre de pacification
Jules César — La guerre des Gaules — La guerre civile — La guerre de pacification

Collection classiques
Cardinal de Retz — Mémoires

Saint-Simon — Mémoires — volume 1 — 1691-1699
Saint-Simon — Mémoires — volume 2 — 1700-1703
Saint-Simon — Mémoires — volume 3 — 1704-1707
Saint-Simon — Mémoires — volume 4 — 1708-1709
Saint-Simon — Mémoires — volume 5 — 1710-1711
Saint-Simon — Mémoires — volume 6 — 1712-1714
Saint-Simon — Mémoires — volume 7 — 1715
Saint-Simon — Mémoires — volume 8 — 1716-1717
Saint-Simon — Mémoires — volume 9 — 1718
Saint-Simon — Mémoires — volume 10 — 1719-1721
Saint-Simon — Mémoires — volume 11 — 1722-1723

Collections informatique et finances
Didier Hallépée – L'univers de la monétique

Didier Hallépée – Le Sepa, l'espace des paiements en euro
Didier Hallépée – Qualité et sécurité informatique, les méthodes CMPI et CMSI
Didier Hallépée – La sécurité NFC
Didier Hallépée – La sécurité des systèmes embarqués
Didier Hallépée – La sécurité du smartphone
Didier Hallépée – Par carte ? oui, merci - La carte de paiement acceptée sans peine
Didier Hallépée – Conduite et Maîtrise des projets informatiques - la méthode CMPI
Didier Hallépée – Conduite et Maîtrise de la sécurité informatique - la méthode CMSI
Didier Hallépée – Conduite et Maîtrise de l'audit informatique - la méthode CMAI
Didier Hallépée – La gouvernance des Systèmes d'Information

En langue anglaise
Didier Hallépée – The Egyptian Mau cat
Didier Hallépée – My cat told me, my dog told me
Didier Hallépée – The Egyptian Mau children – story of the breed cat
Didier Hallépée – Mau Mews (photo-comic)
Didier Hallépée – King Barks (photo-comic)

En langue italienne
Didier Hallépée – I figli del gatto mau – storia del gatto di razza

Egalement disponibles en ebooks

Collection culture
D. Hallépée & Jean-François Guédon — Nombres en Folie
D. Hallépée — A ma fille
D. Hallépée — A mon fils
D. Hallépée — A mes enfants
D. Hallépée — La saga des Hallépée
D. Hallépée — La saga des Alespée - *Depuis Jean Alespée, juge de Jeanne d'Arc et Marianne Alespée, bâtarde de Navarre*
Coralie Grimaud, Jean-François Guédon, Didier Hallépée — Histoire de l'Art
Coralie Grimaud, Jean-François Guédon, Didier Hallépée, Laura Sixou-Zeno, Aurélie Nicolas — La Finance par les citations
Coralie Grimaud, Jean-François Guédon, Didier Hallépée — La culture générale par les citations
Coralie Grimaud, Jean-François Guédon, Didier Hallépée — Mes enfants grandiront au XXIème siècle

Collection faits de société
D. Hallépée – Mon opérateur télécom me vole-t-il ? *(Prix Fondcombe 2012)*
D. Hallépée — Une orange bien jutouse
D. Hallépée — Orange amère

Collection animaux
D. Hallépée — The Egyptian Mau cat
D. Hallépée — Mot à mau, les pensées du chat mau
D. Hallépée — Mau mews (photo-comic)
D. Hallépée — Pensées royales canines, les pensées du king Charles
D. Hallépée — King barks (photo-comic)
D. Hallépée — Les secrets de Bastet — précis de génétique féline
D. Hallépée — Les enfants du chat mau — histoire du chat de race
D. Hallépée — The children of the Mau cat — history of the breed cat
D. Hallépée — I figli del gatto mau — storia des gatto di razza
D. Hallépée — Secrets de chat — citations félines
D. Hallépée — Cat secrets — cat quotes
D. Hallépée — Secrets de chien — citations canines
D. Hallépée — Dog secrets — dog quotes
D. Hallépée — Mon chat m'a conté
D. Hallépée — Mon chien m'a conté
D. Hallépée — Mon coq m'a conté
Fables de La Fontaine
Fables d'Esope
Fables d'Esope & Fables de La Fontaine
Le roman de Renart

Collection Romans
D. Hallépée – L'héritage de Bastet

Collection Poésie
D. Hallépée – Haïku Neko – l'art de la poésie japonaise illustrée par les chats
D. Hallépée – Haïkus du dragon – chroniques de l'année du Dragon

Collection contes
D. Hallépée — Mon chat m'a conté
D. Hallépée — Mon chien m'a conté
D. Hallépée — Mon coq m'a conté
Contes d'Andersen
Contes de Grimm
Contes de Perrault
Contes de madame d'Aulnoye
Fables de La Fontaine
Fables d'Esope
Fables d'Esope & Fables de La Fontaine

Collection jeux
D. Hallépée — Le jeu de go
D. Hallépée — Sudoku-neko — vol 1 (Bilangue)
D. Hallépée — Sudoku-neko — vol 2 (Bilangue)
D. Hallépée — Sudoku-neko — vol 3 (Bilangue)
D. Hallépée — Djambi, l'échiquier de Machiavel

Collection stratégie
Général de Brack — avant-postes de cavalerie
Flavius Josèphe — La guerre des Juifs
Jules César — La guerre des Gaules
Jules César — La guerre civile
Jules César — La guerre de pacification
Jules César — La guerre des Gaules — La guerre civile — La guerre de pacification
Machiavel — Le prince
Miyamoto Musashi : Le livre des cinq anneaux
Sun Tzu : Les treize articles
Trois stratèges (Sun Tzu – Miyamoto Musashi – Machiavel)
Stratèges de Chine (Sun Tzu – Se Ma Yang Kin – Ou Tse)
Stratèges d'Asie (Sun Tzu – Se Ma Yang Kin – Ou Tse – Miyamoto Musashi)
Cinq stratèges (Sun Tzu – Se Ma Yang Kin – Ou Tse – Miyamoto Musashi – Machiavel)
L'art militaire chinois (Yong Tcheng – Sun Tzu – Se Ma Yang Kin – Ou Tse)

Collection lettres latines
Jules César — La guerre des Gaules
Jules César — La guerre civile
Jules César — La guerre de pacification
Jules César — La guerre des Gaules — La guerre civile — La guerre de pacification
Lucrèce — De natura rerum (de la nature des choses)
Suétone — Vie des douze Césars
Virgile — L'énéïde
Tite-Live — Histoire de Rome — volume 1 — 753-292
Tite-Live — Histoire de Rome — volume 2 — 218-202
Tite-Live — Histoire de Rome — volume 3 — 201-179

Tite-Live — Histoire de Rome — volume 4 — 178-167

Collection classiques
Lewis Carroll – Alice au Pays des Merveilles
Lewis Carroll – De l'autre côté du miroir
Lewis Carroll – Alice au Pays des Merveilles – De l'autre côté du miroir
Brantôme - Vies des dames galantes
Cardinal de Retz — Mémoires
Saint-Simon — Mémoires — volume 1 — 1691-1699
Saint-Simon — Mémoires — volume 2 — 1700-1703
Saint-Simon — Mémoires — volume 3 — 1704-1707
Saint-Simon — Mémoires — volume 4 — 1708-1709
Saint-Simon — Mémoires — volume 5 — 1710-1711
Saint-Simon — Mémoires — volume 6 — 1712-1714
Saint-Simon — Mémoires — volume 7 — 1715
Saint-Simon — Mémoires — volume 8 — 1716-1717
Saint-Simon — Mémoires — volume 9 — 1718
Saint-Simon — Mémoires — volume 10 — 1719-1721
Saint-Simon — Mémoires — volume 11 — 1722-1723
Dante Alighieri — La divine comédie — volume 1 — L'enfer
Dante Alighieri — La divine comédie — volume 2 — Le purgatoire
Dante Alighieri — La divine comédie — volume 3 — Le paradis
Dante Alighieri — La divine comédie — L'enfer — Le purgatoire — Le paradis
Boccace — Decameron
Miguel de Cervantès Saavedra — Don Quichotte — volume 1
Miguel de Cervantès Saavedra — Don Quichotte — volume 2
Miguel de Cervantès Saavedra — Don Quichotte — intégrale
Lewis Carroll — Alice au pays des merveilles
Lewis Carroll — Alice de l'autre côté du miroir
Cholderos de Laclos — Les liaisons dangereuses
Louis Pergaud — La guerre des boutons
Louis Pergaud — La guerre des boutons – Le roman de Miraut – Les rustiques
Sophie Rostopchine, comtesse de Ségur – Œuvres complètes – Volume 1
Sophie Rostopchine, comtesse de Ségur – Œuvres complètes – Volume 2
Sophie Rostopchine, comtesse de Ségur – Œuvres complètes – Volume 3
Sophie Rostopchine, comtesse de Ségur – Œuvres complètes – Volume 4
Sophie Rostopchine, comtesse de Ségur – Œuvres complètes – Volume 5
Le procès de Jeanne d'Arc
Victor Hugo – Les Misérables – 1 – Fantine
Victor Hugo – Les Misérables – 2 – Cosette
Victor Hugo – Les Misérables – 3 – Marius
Victor Hugo – Les Misérables – 4 – Gavroche
Victor Hugo – Les Misérables – 5 – Jean Valjean
Victor Hugo – Notre Dame de Paris
Alphonse Daudet – Lettres de mon moulin – Contes du lundi
Alphonse Daudet – Tartarin de Tarascon – Tartarin dans les Alpes – Port Tarascon

à Isabelle, Leia et Jacen, avec tout mon amour.

à tous mes amis éleveurs avec qui je partage l'amour du chat de race.

à tous les passionnés de chats qui savent bien qu'il n'est pas besoin d'être de race pour être le plus merveilleux des compagnons.

Retrouvez l'auteur sur son forum 'les écrivains de Fondcombe'
http://forum.fondcombe.com

GENETIQUE DU CHAT

Principes généraux de la génétique

Rappels généraux sur la génétique

Les caractéristiques propres aux espèces vivantes et les différences propres aux individus de chaque espèce sont inscrits dans les gènes qui composent les chromosomes.

Chaque espèce possède un nombre fixe de chromosomes (19 paires chez le chat, 23 paires chez l'homme). La moitié du matériel génétique provient du père, l'autre moitié de la mère.

Chaque gène est donc présent sur chacun des deux chromosomes. Un gène sera appelé dominant lorsque sa présence sur un des deux chromosomes suffit à exprimer le caractère qu'il porte. Un gène sera appelé récessif lorsque sa présence sur les deux chromosomes est nécessaire pour exprimer le caractère qu'il porte. Les gènes dominants sont représentés par des lettres majuscules, les gènes récessifs par des lettres minuscules. Lorsque les deux allèles du gène (la composante sur chacun des deux chromosomes) sont identiques, on parle d'homozygotie. Lorsqu'ils sont différents, on parle d'hétérozygotie.

Le chromosome sexuel transmet le sexe. Le chromosome femelle est symbolisé par X, le chromosome mâle par Y. Une femelle est porteuse de 2 chromosomes X (elle est XX) et ne peut transmettre qu'un chromosome X à sa descendance. Un mâle est porteur d'un chromosome X et d'un chromosome Y (il est XY) et peut transmettre soit un chromosome X, soit un chromosome Y.

Le chromosome sexuel possède une particularité : le chromosome X possède plus de gènes que le chromosome Y. Pour les gènes portés par les chromosomes sexuels, la femelle possède donc 2 gènes alors que le mâle n'en possède qu'un. Certains traits de caractère ne pourront être portés que par l'un des sexes.

Transmission des gènes

Lorsque l'on croise deux sujets, on cherche à connaître comment se transmet un caractère donné en observant la transmission des gènes.

Pour un gène baptisé G, par exemple, chacun des parents est porteur d'une composante du gène sur chacun de ses deux chromosomes. La forme dominante du gène étant symbolisée par G et la forme récessive par g, chaque individu sera donc GG, Gg, gG ou gg. Gg et gG sont équivalents (peu importe de qui provient tel ou tel gène).

Lors de la reproduction, chacun des deux parents ne transmettra qu'un seul gène. Par exemple, si le père porte les formes G1 et G2 du gène G et la mère les formes G3 et G4 du gène G, on aura :

	G1	G2
G3	G1 G3	G2 G3
G4	G1 G4	G2 G4

C'est à dire que les enfants possibles pourront porter (à probabilité égale) les combinaisons ci-dessus.

Exemples

Croisement de deux individus homozygotes pour un gène donné
(GG croisé avec GG)

	G	G
G	GG	GG
G	GG	GG

Résultat : tous les individus sont homozygotes sur le même gène, comme leurs parents

Croisement d'un individu homozygote pour le gène dominant avec un individu hétérozygote
(GG croisé avec Gg)

	G	G
G	GG	GG
g	Gg	Gg

Résultat : tous les individus sont porteurs du gène dominant (ils ressemblent à leurs parents pour ce caractère). La moitié d'entre eux sont homozygotes.

Croisement d'un individu homozygote pour le gène récessif avec un individu hétérozygote
(gg croisé avec Gg)

	g	g
G	Gg	Gg
g	gg	gg

Résultat : la moitié des individus sont porteurs du gène dominant (ils montrent le caractère dominant) mais sont hétéro zygotes (ils peuvent transmettre le caractère récessif). L'autre moitié montre le caractère récessif.

Croisement de deux individus hétérozygotes
(Gg croisé avec Gg)

	Gg	g
G	GG	Gg
g	Gg	gg

Résultat : un enfant sur 4 présentera le caractère récessif du gène qui était présent mais caché chez chacun des deux parents. Chez les autres, un sur 3 d'entre eux sera homozygote sur ce gène.

Règles à retenir

Pour un gène donné :
- ➢ Si un individu montre le caractère dominant, il est porteur d'un moins un gène correspondant
- ➢ Si un individu montre le caractère récessif, il est porteur des deux gènes récessifs
- ➢ Si un au moins des enfants montre le caractère récessif, les deux parents sont porteurs de ce caractère récessif
  Si un des enfants est gg, chaque parent porte g
- ➢ Si un des parents montre le caractère récessif, chaque enfant sera au moins porteur de ce caractère
  Si un des parents est gg, chaque enfant porte g

Règles statistiques

Pour un gène donné :

- Le croisement d'un individu porteur du caractère récessif avec un individu homozygote sur ce caractère récessif donne 50 % d'enfants de chacun des deux caractères
  Gg + gg → 50% Gg et 50% gg
- Le croisement de deux individus porteurs du caractère récessif donne 25 % d'enfants exprimant le caractère récessif. Parmi ceux exprimant le caractère dominant, 1/3 est pur.
  Gg + Gg → 75% G? et 25% gg
  Parmi les enfants G?, 1/3 est GG et 2/3 est Gg

La génétique du chat

La partie connue de la génétique du chat porte essentiellement sur l'aspect du chat (texture, couleur, motif, caractéristiques visibles).

Certains gènes sont caractéristiques d'une race.

Les gènes qui responsables de la couleur et du motif ont des actions qui se combinent pour donner nombreuses combinaisons qui font la joie des amoureux du chat.

Gène L : longueur du poil

Forme dominante L : poil court
Forme récessive l : poil long

Il n'y a pas de différence génétique entre poil long et poil mi-long.

Gène H_r : présence de poils

Forme dominante H_r : poil normal
Forme récessive h_r : absence de poils (sphinx)

La forme récessive du gène h_r est responsable de l'absence quasi-totale des trois types de poil. Ce gène est caractéristique du sphynx.

Gène H_p : absence de poils

Forme dominante H_p : absence de poils (donskoy et peterbald)
Forme récessive h_p : poil normal

La forme dominante du gène gène H_p est lui aussi responsable de l'absence quasi-totale des trois types de poil. Ce gène est caractéristique du donskoy et du peterbald.

D'autres lignées de chats sans poils sont apparues çà et là au cours de l'histoire du chat de race. L'absence de poil était due à d'autres gènes. Ces lignées se sont perdues depuis lors.

Gène R : texture rex cornish

Forme dominante R : poils normaux
Forme récessive r : texture rex cornish (poils courts et ondulés et absence de poils de jarre)

Gène R_e : texture rex devon

Forme dominante R_e : poils normaux
Forme récessive r_e : Texture rex devon (poils courts et ondulés)

On parle d'un éleveur qui croisa par curiosité un rex cornish avec un rex devon. Il obtint des chats à fourrure normale (génotype Rr $R_e r_e$: aucune des deux particularité ne s'exprime). Il eut fallu faire se reproduire ensemble deux chats issus de ce type de croisement pour obtenir un chaton sur 16 avec le génotype rr $r_e r_e$.

Gène S_e : texture selkirk rex

Forme dominante S_e : poils normaux
Forme récessive s_e : texture selkirk rex (poils frisés et abondants)

Gène Y_{uc} : texture York chocolat

Forme dominante Y_{uc} : Texture York chocolat (absence de poils de garde, poils de jarre courts et ondulés)
Forme récessive y_{uc} : poils normaux

Gène L_p : texture LaPerm

Forme dominante L_p : Texture LaPerm (fourrure soyeuse et crantée ou formant des vagues)
Forme récessive l_p : poils normaux

Gène M : absence de queue

Forme dominante M : absence de queue (chat anoure)
Forme récessive m : Queue normale

Ce gène est caractéristique du manx et du cymric.

Gène J_b : queue en pompon du bobtail japonais

Forme dominante J_b : Queue en pompon du bobtail japonais
Forme récessive j_b : Queue normale

Il semble que la queue en pompon du Kurilian bobtail soit due à un autre gène.

Gène M_k : pattes courtes du munchkin

Forme dominante M_k :   Pattes courtes du munchkin
Forme récessive m_k :   Pattes normales

Gène F_D : oreilles pliées des fold

Forme dominante F_D :   oreilles pliées des fold
Forme récessive f_D :   oreilles normales

Les chats $F_D F_D$ présentent des déformations osseuses invalidantes.

Gène C_u : oreilles recourbées des curl

Forme dominante C_u :   oreilles recourbées des curl
Forme récessive c_u :   oreilles normales

Gène P_d : polydactylie

Forme dominante P_d :   présence de doigts surnuméraires
Forme récessive p_d :   absence de doigts surnuméraires

Gène W_h : poils durs (wire hair)

Forme dominante W_h :   poil dur (très frisé, dur au toucher)
Forme récessive w_h :   poil normal

Gène W : Blanc dominant (White)

Ce gène agit sur le taux de production de mélanine. Dans la forme W du gène, le taux de mélanine est faible et donc le chat est blanc.

Forme dominante W :   Le chat est blanc
Forme récessive w :   La robe du chat est colorée.

Si le taux de mélanine est très bas, la couleur des yeux est bleue. Si le taux de mélanine est extrêmement bas, l'oreille interne est atteinte et le chat est sourd.

La mélanine peut être irrégulièrement répartie. Le chat peut alors avoir les yeux vairons (un œil bleu et un œil de couleur). Seule l'oreille située du côté de l'œil bleu peut être sourde.

Lorsque le chat est hétérozygote Ww (on dit alors 'porteur de couleur'), le taux de mélanine est suffisant pour que le chat ne soit pas sourd. Dans ce cas, le chaton porte à la naissance une tache de couleur sur le front, tache qui disparaît au bout de quelques jours.

Gène B : Couleur de base

Ce gène contrôle la couleur de base de la robe du chat

Forme dominante B :	la couleur de base est noire (Black) ou brun foncé
Forme récessive b :	la couleur de fond est chocolat
Forme récessive b_1 :	la couleur de fond est cannelle

Gène C : Répartition de la couleur

Ce gène contrôle la répartition des pigments de mélanine sur l'ensemble du corps

Forme dominante C :	Tout le corps est coloré
Forme récessive c :	Albinos aux yeux rouges (en principe non viable)
Forme récessive c_a :	Albinos aux yeux bleus
Forme récessive c_b :	couleur atténuée sur le corps mais pas aux extrémités
Forme récessive c_s :	seules les extrémités sont colorées (patron siamois)

Gène W_b : White band (Tipping)

En présence de ce gène, la mélanine du poil est repoussée vers son extrémité (tipping). Le motif de la robe n'est plus visible. C'est le gène des chats chinchilla.

Forme dominante W_b :	White band ou tipping (le motif est non visible ou fantôme)
Forme récessive w_b :	non White band (le motif est normalement visible)

Gène A : Agouti

Ce gène contrôle la répartition de la mélanine dans les poils, donc l'apparition on non de motifs sur la robe

Forme dominante A :   agouti (le motif est visible)
Forme récessive a :   non agouti (le motif est non visible ou fantôme)

Les motifs fantômes sont dus à la répartition de la mélanine à la base du poil. Cette répartition est due à des polygènes.

Gène I : Inhibition

Ce gène contrôle la présence de pigment à la base du poil.

Forme dominante I :   Inhibé : sous poil argent
Forme récessive i :   non inhibé : sous-poil coloré

Chez le chat noir, le sous poil est jaune. En présence de ce gène, le sous-poil devient blanc (argent). La couleur du chat est alors silver (chat agouti) ou smoke (chat non agouti).

Gène D : Dilution

Ce gène contrôle l'intensité de la couleur

Forme dominante D :   couleur normale
Forme récessive d :   couleur diluée

En présence de ce gène, le noir devient bleu, le chocolat devient lilas, le canelle devient fawn, le roux devient crème.

Gène D_m : Dilution modifier

Ce gène agit sur les couleurs diluées. Il transforme le bleu, le lilas et le fawn en caramel et le crème en abricot

Forme dominante D_m :   couleur diluée modifiée
Forme récessive d_m :   couleur normale

O dd D_m- ou OO dd D_m-   caramel
O' dd D_m- ou O'O' dd D_m-   abricot
OO' dd D_m-   caramel et abricot

Le caramel sur base lilas est parois appelé taupe.

Gène T_a : Ticking

Ce gène contrôle la répartition des bandes de couleur sur le poil des chats agoutis.

Forme dominante T_a :	Ticking ou abyssinina : tous les poils sont agoutis. Seule apparaît une bande sur le dos, et chaque poil porte des bandes de plusieurs couleurs donnant à la robe du chat l'aspect caractéristique de celle du lièvre, comme chez l'abyssin.
Forme récessive t_a :	le nombre de bandes de couleur de chaque poil est limité et l'aspect caractéristique du lièvre n'apparaît pas.

En présence de la forme dominante de ce gène, le motif de la robe est caché par le ticking. En son absence, le motif de la robe peut s'exprimer.

Gène M_c : Motifs de la robe (tigré ou mackerel)

Ce gène contrôle la répartition des poils agoutis, et donc les motifs de la robe.

Forme dominante M_c :	tigré ou mackerel : robe couverte de rayures comme chez les félins sauvages.
Forme récessive m_c :	marbré ou blotched (également appelé classic tabby) : la robe présente de larges dessins qui ne sont pas des rayures.

Chez les chats spottés, les taches suivent en principe le dessin des rayures originelles. Des rayures peuvent subsister (rayures verticales sur les flancs). Si le chat est porteur du gène t_b (blotched), des rayures horizontales peuvent également apparaître.

Gène S_p : Motifs de la robe (Spotté)

La présence de ce gène rompt le motif de la robe, ce qui s'exprime sous forme de taches (spots).

Forme dominante S_p :	spotted : le motif est interrompu donnant au chat un aspect moucheté (spotted). Les taches suivent en principe le dessin des

rayures originelles. Des rayures peuvent subsister sur les flancs.

Forme récessive sp : le motif n'est pas interrompu. Le motif originel s'exprime.

Donc :
- M_c - S_p - spotté sur fond tigré
  les taches sont alignées verticalement
- M_c - $s_p s_p$ tigré ou mackerel
- $m_c m_c$ S_p - spotté sur fond marbré
  les taches sont plutôt alignées horizontalement
- mcmc $s_p s_p$ marbré ou blotched
  (également appelé « classic tabby »)

Si les deux parents sont porteurs de l'allèle récessif sp, il peut naître des chatons non spottés. Ceux-ci peuvent être tigrés ou marbrés.

Gène S : Taches blanches (white Spotting)

Ce gène contrôle la présence de taches blanches plus ou moins étendues.

Forme dominante S : présence de taches blanches
Forme récessive s : absence de taches

L'étendue et la répartition des taches dépendent de polygènes encore mal connus. Chez les chats noirs, ce gène s'exprime fréquemment par une au cou (la marque de l'ange ou le doigt de Dieu) et un string.

Gène O : Orange

Ce gène est porté par le chromosome sexuel X. Il s'exprimera donc différemment chez le mâle et la femelle.

Forme 1 O : couleur de base teintée en orange (roux)
Forme 2 O' : couleur de base non teintée en orange (par exemple noire)

Ce qui donne chez le mâle (XY) :

Génotype O chat roux
Génotype O' Chat non roux (par exemple noir)

Et chez la femelle (XX) :

Génotype OO :	chat roux
Génotype O'O' :	chat non roux (par exemple noir)
Génotype OO' :	chat présentant des zones rousses et des zones non rousses (écaille, bleu crème, tricolore, etc.)

Si un mâle est écaille (roux et noir), son génotype est XXY au lieu de XY. Cette anomalie génétique (rare mais non rarissime) rend généralement le chat stérile.

Dans les années 90, aux Etats-Unis, un chat de maison avait un grand succès dans les expositions CFA : il était noir, roux, bleu et crème. Sa robe exprimait à la fois la dilution et l'absence de dilution : une anomalie génétique due probablement à un gène de dilution surnuméraire.

Les polygènes

Certaines caractéristiques sont apportées non par un gène, mais par plusieurs gènes agissant ensemble. Ce sont les polygènes. La plupart du temps, chacun des gènes concernés a le même effet. L'important donc n'est pas la présence ou l'absence de tel ou tel gène individuel mais le nombre de ceux-ci.

Ainsi, pour expliquer leur effet, on parle du pourcentage de polygènes présents (100% : tous les allèles concernés sont les allèles dominants ; 0% : tous les allèles concernés sont les allèles récessifs.)

Comme on ne peut pas individualiser les gènes concernés, on ne peut pas non plus prédire la répartition de gènes dont hériteront les chatons.

Si le père est porteur de p1% de polygènes et la mère de p2% :
- ➢ Quand p1+p2<100% : les chatons hériteront chacun d'une quantité de polygènes compris entre 0% et p1+p2
- ➢ Quand p1+p2>=100% : les chatons hériteront chacun d'une quantité de polygènes compris entre p1-p2 et 100% (ou p2-p1 et 100%)

En opérant une sélection de génération en génération, on peut obtenir progressivement des chats présentant une forte concentration en polygènes ou présentant une très faible concentration, selon le caractère que l'on recherche.

Les principaux polygènes connus sont :
- R_f : Le rufus. Ce polygène agit sur la phæomélanine, donnant à ce pigment une teinte cuivrée : 0% à 25% = jaune à doré ; 25% à 50% = ambre ; 50% à 75% = orangé ; 75 à 100% = cuivré
- W_b : White band, le tipping. Ce polygène est responsable de la hauteur de poil ayant la coloration du sous-poil : 0% à 33% = bande étroite ; 33% à 67% = bande moyenne ; 67 à 100% = bande large (tipping).
- M_l : Manx length. Ce polygène est responsable de la longueur de queue chez le Manx : 0% à 25% = rumpy ; 25% à 50% = rumpy-riser ; 50% à 75% = stumpy ; 75 à 100% = longie.

La proportion de blanc chez les chats particolores (chats porteurs du gène S) obéit au même mécanisme.

D'autres polygènes non spécifiquement identifiés renforcent telle ou telle caractéristique génétique. Etant donné que les chats de race sont sélectionnés sur leur beauté (par rapport à leur standard), ces polygènes sont en général fortement présents chez les chats porteurs du gène concerné et faiblement présents chez les chats non porteurs de ce gène.
Ainsi, pour renforcer les caractéristiques associées à tel ou tel gène, il est recommandé de s'appuyer sur le travail des éleveurs passés en mariant des chats présentant la caractéristique recherchée et en sélectionnant les meilleurs descendants.

Ainsi, même si le mariage d'un chat à poil court homozygote avec un chat à poil long donne des chatons à poil court, ceux-ci auront probablement un poil moins court.

De la même manière, l'apparition de motifs fantômes chez les chats smoke est due à la longueur de sous-poil par un mécanisme venant du gène W_b ou d'un gène analogue.

MECANISME DE LA COULEUR

Chez les animaux à fourrure, la couleur du poil et de la peau est conditionnée par des pigments, les mélanines (chez l'homme par exemple, ces mélanines sont responsables de la couleur de la peu, de la couleur des cheveux et du bronzage).

Il y a plusieurs types de mélanine :
- L'eumélanine qui est responsable de la couleur de l'extrémité des poils.
- La phæomélanine qui est responsable de la couleur de la racine des poils

Différents gènes vont modifier la répartition des mélanines sur les poils, ce qui donnera les couleurs de robes que nous connaissons.

Couleur de base

La couleur de base est due à l'eumélanine. C'est le gène B qui en conditionne la couleur :
- B : la couleur de base est noire (Black) ou brun foncé
- b : la couleur de fond est chocolat
- b_1 : la couleur de fond est cannelle

Le gène O modifie cette couleur de base en remplaçant les pigments colorés de l'eumélanine par des pigments roux :

- O ou OO   chat roux
- O' ou O'O'   Chat non roux (par exemple noir)
- OO' :   chat présentant des zones rousses et des zones non rousses (écaille, bleu crème, tricolore, etc.)

La dilution

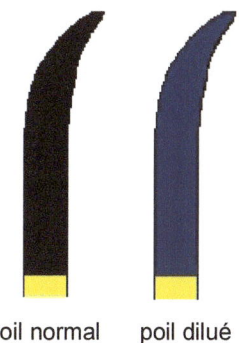

poil normal   poil dilué

Le gène D diminue la quantité de pigments ce qui a pour effet d'atténuer la couleur de base :

- le noir devient bleu
- le chocolat devient lilas
- le canelle devient fawn
- le roux devient crème.

Les chats agoutis

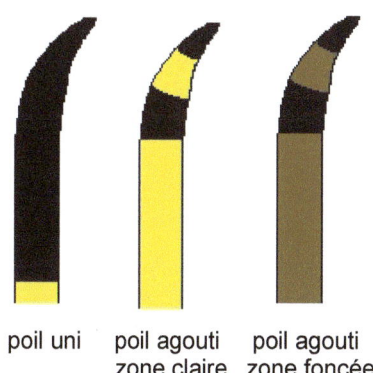

poil uni   poil agouti   poil agouti
            zone claire   zone foncée

La répartition des couleurs le long du poil est conditionné par la présence du gène A (Agouti). En l'absence de ce gène, le poil présente une couleur unie sur presque toute sa longueur. En présence de ce gène, des bandes claires apparaissent. La couleur de ces bandes correspond à la couleur de base du poil (bandes jaunes lorsque la couleur de base est noire).

Cependant, le gène A n'a pas une influence sur toute la robe du chat, mais seulement sur certaines zones.
> - Certaines zones sont plus sensibles à la perte de chaleur : l'extrémité des pattes, des oreilles et de la queue (« pouvoir des pointes »). Cette perte de chaleur diminue l'action de la phæomélanine. Les zones claires du poil sont plus foncées, faisant apparaître celui-ci presque uni. Ainsi, chez tous les chats agoutis, les oreilles, l'extrémité des pattes et de la queue sont fortement colorées. Il en est de même du pourtour du nez qui montre un liseré de même couleur que la robe alors que l'extrémité reste non colorée (rose).
> - La quantité de phæomélanine n'est pas homogène sur tout le corps. Ses mécanismes de répartition sont dirigés par d'autre gènes. La mise en œuvre de ces mécanismes conditionne le motif que présentera la robe du chat.

Avec le gène T_a (Ticking), presque tous les poils sont agoutis, mis à part les zones les plus sensibles à la chaleur : extrémité des oreilles, des pattes, de la queue et une étroite bande le long de la colonne vertébrale. Ceci donne au chat une couleur dominante claire irisée de noir. Chez l'abyssin, le chat génétiquement noir (B) est appelé lièvre, le chat génétiquement chocolat (b) est appelé sorrel.

Ce gène T_a agit sur la presque totalité du corps et cache tout autre motif. En son absence ($t_a t_a$), les autres gènes responsable du motif peuvent s'exprimer.

Le gène M_c contrôle la répartition des poils agoutis, et donc les motifs de la robe. Certains explique que son action suit les courants de chaleur et d'énergie sur la peau, d'une manière comparable aux effets de l'acupuncture.
La forme dominante M_c est responsable du motif tigré (ou mackerel), la forme récessive est responsable du motif marbré (ou blotched)

Le gène S_p rompt la continuité des motifs, faisant donnant à la robe un motif moucheté (ou spotté).

Le tabby fantôme

Les gènes conditionnant le motif de la robe (T_a, M_c, S_p) atténuent l'effet de la phæomélanine sur certaines zones du corps. Cet effet est analogue à celui qui opère sur extrémités.

Sur les poils unis (chat non agouti), il reste une zone plus claire à la base du poil. Cette zone qui doit sa teinte à la phæomélanine est elle aussi plus ou moins colorée en fonction des gènes conditionnant le motif de la robe. Ainsi, chez un chat non agouti (robe unie) il y a des poils presque unis à base claire et des poils presque unis à base sombre. La répartition de ces poils est respecte le motif conditionné par les gènes T_a, M_c et S_p.

En définitive, le motif est présent mais très peu visible. On parle de motif fantôme.

Chez les chatons nouveaux nés, les mécanismes de contrôle de la chaleur corporelle ne sont pas pleinement opérationnels. Cette perte de chaleur modifie l'action de la phæomélanine, ce qui rend plus visibles les motifs fantômes.

Le silver et le smoke

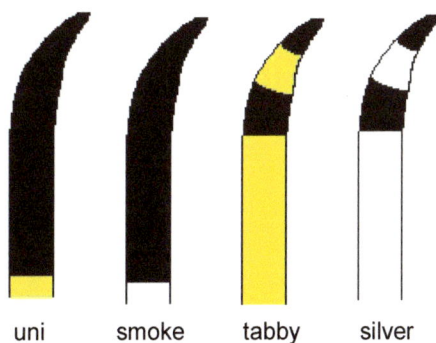

uni   smoke   tabby   silver

Le gène I inhibe l'action de la phæomélanine. Sous l'influence de ce gène, le sous-poil n'est plus coloré et prend une couleur argent.

Sur un chat tabby, en l'absence du gène I, le chat est brown tabby (brun avec des motifs noirs). En présence du gène I, le chat est silver tabby (argent avec des motifs noirs).

Sur un chat uni (chat non agouti), la présence du gène I donne un sous-poil blanc. La longueur du sous-poil dépend de polygènes et diffère d'un individu à l'autre. Lorsque le sous-poil est de faible longueur, le chat smoke apparait uni et le sous-poil n'apparait que lorsque l'on rebrousse la fourrure. Lorsque le sous-poil est de longueur plus importante, les jeux de lumière font mieux apparaître les motifs fantôme.

Ces marques fantômes existent chez le chat uni, mais elles ressortent mieux sur le smoke grâce au sous-poil argent.

Seule la sélection d'une génération à l'autre permet de travailler la longueur du sous-poil, c'est-à-dire l'apparition des motifs. Le mariage smoke+smoke facilite cette apparition. Dans les critères de beauté appliqués aux chats d'exposition, on recherche des smoke avec le moins de motifs fantômes. Sauf en ce qui concerne le mau égyptien, race où l'on souhaite que le motif moucheté soit le plus visible possible.

Le silver et le smoke existent dans toutes les couleurs de base : noir, bleu, chocolat, fawn, etc.

Le tipping

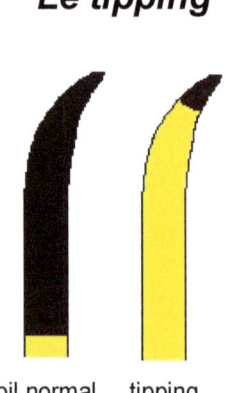

poil normal   tipping

Le gène W_b est responsable du tipping. Sous l'influence de ce gène, l'action de la phæomélanine est augmentée et seule l'extrémité du poil reste colorée par l'eumélanine. Du coup, le motif disparait et la robe prend la couleur du sous-poil avec des reflets noirs.

En général ce gène est associé au gène de l'inhibition responsable de la couleur silver.

Ce gène est caractéristique des couleurs chinchilla (couleur de base noire, sous-poil argent), silver shaded (couleur de base noire, sous-poil argent, tipping plus long), golden shaded (couleur de base noire, sous-poil jaune) et cameo (couleur de base orange, sous-poil argent).

Note : W_b est en réalité un polygène (voir ci-dessous)

Couleur des Yeux

Le mécanisme de la couleur des yeux chez les mammifères est assez complexe. Les explications données ici sont donc très simplifiées.

Le couleur des yeux vient d'abord d'une couleur de base. Chez l'homme, la couleur de base est marron, mais une mutation apparue il y a environ 10 000 ans du côté de la mer Noire a apporté la couleur bleue. Chez le chat, la couleur de base est aussi une variété de marron.

Une série de polygènes agit sur l'intensité de la couleur. Sous l'action de ces polygènes, la couleur des yeux du chat aborde les couleurs suivantes : vert, jaune, ambre, cuivre, orange, marron

Le gène W (et ses polygènes associés) conditionne le taux de mélanine. Quand le taux de mélanine est faible, la fourrure du chat est blanche. Quand le taux est encore plus bas, les yeux perdent leur coloration et deviennent bleus. Quand le taux de mélanine est encore plus bas, le fonctionnement de l'oreille peut être affecté (le chat devient sourd). Ceci explique pourquoi tous les chats blancs ne sont pas sourds et pourquoi cette forme de surdité n'atteint pas les chats aux yeux non bleus. La répartition de la mélanine peut être irrégulière, ce qui se traduit par un seul œil bleu (et parfois donc une seule oreille sourde). La couleur bleue des yeux cache la couleur de base.

Chez les chats albinos, l'absence de mélanine est plus prononcée. La fourrure est blanche et les yeux sont bleus (c_a) ou rouges (c).

Chez le siamois, le gène c_s est une mutation du gène C différente du gène de l'albinisme c ou c_a. Le mécanisme est comparable mais atténué. Il conduit à l'expression de la couleur bleue des yeux.

L'iris n'est pas uni. Les motifs de couleurs qui s'ajoutent à la couleur de base sont dus à d'autres gènes ou polygènes. Ces motifs modifient l'effet visuel et donnent à l'œil les multiples nuances que nous connaissons.

Certaines races présentent une couleur d'yeux spécifique. L'orange du chartreux, le vert groseille à maquereaux du mau égyptien, le vert profond du bleu russe et le vert intense du korat sont les exemples les plus connus. Dans tous ces cas, la stabilité de la couleur des yeux dans ces races, due à un long travail de sélection, est remarquable. La couleur de base est bien marron, c'est-à-dire allant de vert à marron en passant par le jaune, l'ambre et l'orange. La stabilité de la couleur nous indique que le taux de polygènes reste constant : très faible (teintes à base de vert) ou très haut (teintes à base d'orange). Des gènes modifieurs spécifiques à la race apportent la nuance de teinte caractéristique des yeux de ces chats.

Pour des raisons variées, il arrive que des éleveurs apportent du sang neuf dans une race en utilisant un géniteur d'une autre race. Lorsque la couleur des yeux est spécifique d'une race, c'est au niveau des couleurs d'yeux que l'impact se voit le mieux et de manière la plus durable. C'est ainsi que l'on connait des lignées de maus égyptiens ou de chartreux où apparaissent des yeux marrons.

Chez les chatons, la mélanine ne produit pas son effet à la naissance. C'est pourquoi les chatons nouveau-nés ont tous les yeux bleus. L'action de la mélanine sur la couleur de base prend place plus rapidement que l'action des modifieurs. La couleur des yeux se stabilise à un âge qui va de 6 à 18 mois, voire 2 ans.

COULEUR, TEXTURE ET SELECTION

L'un des objectifs de l'éleveur est de produire les plus beaux chats possibles. Pour cela, il choisit soigneusement ses reproducteurs et sélectionne les plus beaux chatons produits. En travaillant sur plusieurs générations, il peut ainsi renforcer telle ou telle caractéristique.

Dans la plupart des cas, les caractéristiques génétiques sont renforcées par des polygènes. Sur plusieurs générations, l'effet des polygènes finit par se cumuler, renforçant ainsi la caractéristique recherchée. C'est ce qui explique qu'il est plus facile de travailler à partir de chats homozygotes : le chat hétérozygote hérite (en moyenne) de moins de polygènes et la sélection peut prendre plus de générations.

Exemple : les chats variants

Certaines races admettent à la fois des chats à poil court et des chats à poil long (parfois sous des dénominations différentes).

Le mariage entre un chat à poil long et un chat à poil court est hétérozygote et est appelé variant.

Un chat variant peut donner naissance à des chat à poil long ou à poil court. Tous les chats à poil court seront appelés variants car susceptibles d'être hétérozygotes.

Certains livres d'origine identifient comme tels les chats variants. D'autres les assimilent aux chats à poil court.

On remarque qu'en général :
  ➢ Les chats à poil long nés d'un chat variant ont souvent un poil moins fourni.
  ➢ Les chats à poil court nés d'un chat à poil long ont souvent un poil plus fourni.

Ainsi, sur le critère de la fourrure, il n'est pas idéal de mélanger poil long et poil court. Cependant un tel mariage peut être intéressant pour de nombreuses autres raisons.

Exemple : les couleurs de l'abyssin

Les quatre couleurs de base de l'abyssin sont :
- ➢ Lièvre :   couleur de base = noir
- ➢ Sorrel :   couleur de base = chocolat
- ➢ Bleu :   dilution du lièvre
- ➢ Fawn :   dilution du sorrel

Chez le lièvre et le sorrel, la préférence est donnée aux chats ayant la couleur la plus chaude. Celle-ci est donnée par le polygène rufus.

Des passionnée de l'abyssin ont introduit le gène silver, créant ainsi l'abyssin silver. Comme il y a 4 variétés de base, il y a quatre variétés silver.

Chez les chats silver, la base du poil est argent au lieu d'être teintée. Cependant, la présence de rufus donne une teinte cuivrée à la base du poil. Ainsi, les chats silver porteurs de rufus présentent-ils des zones aux reflets cuivre.

Les mariages lièvre-silver donnent des chats silver présentant des traces de rufus et des chats lièvre ayant un sous-poil moins coloré (voire gris). Sur le critère de la couleur, il est préférable de marier les silver entre eux pour éliminer les traces de rufus et de marier les chats non silver entre eux pour éviter une couleur terne.

Aujourd'hui, de très nombreuses couleurs sont admises chez l'abyssin. Parmi celles-ci figurent les couleurs à base de roux. A première vue, il semblerait facile de confondre un abyssin lièvre ou sorrel fortement teinté de rufus avec un abyssin roux. Rappelons nous que la couleur de l'extrémité du poil reste la couleur de base de la robe : noir chez l'abyssin lièvre, chocolat chez l'abyssin sorrel, roux chez l'abyssin roux. Ainsi, aucune confusion n'est possible.

Ainsi, avec quatre variétés traditionnelles (lièvre, sorrel, bleu, fawn), l'utilisation du roux permet de multiplier par 3 le nombre de variétés

(variétés à base de roux, à base de non roux, à base d'écaille), et l'utilisation du silver multiplie par 2 les couleurs disponibles, portant leur nombre à 24.

Exemple : les chats smoke

Un chat smoke est un chat non agouti (aa) porteur du gène silver (I-).

Le gène I a pour effet de supprimer la couleur de base du poil. Sous l'effet de polygènes, cette bande non colorée est plus ou moins large, ce qui rend plus ou moins visibles les marques fantômes.

En mariant smoke avec smoke, le taux de polygènes augmente de génération en génération, mettant mieux en évidence ces motifs fantômes.

Or, dans la plupart des races, les critères de beauté avorisent les smoke ayant le moins de motifs visibles. Pour sélectionner des smoke possédant de moins en moins de ces polygènes, il faut donc éviter le mariage smoke-smoke. On favorise donc le mariage du smoke (aa I-) avec le silver porteur de smoke (Aa I-).

Dans les races où l'on favorise l'apparition de motifs fantômes, le mariage smoke-smoke est recommandé.

Exemple : les couleurs du mau égyptien

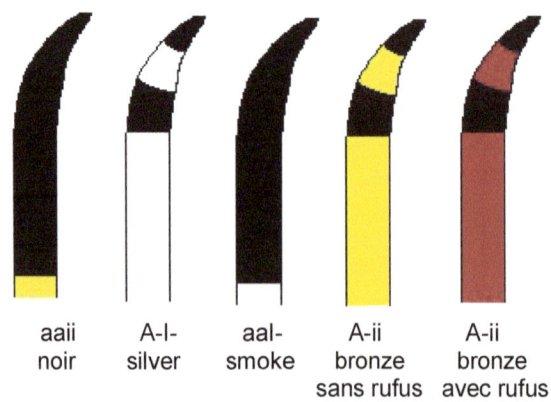

Le mau égyptien existe en quatre couleurs :
- ➤ Silver (A- I-) : la couleur la plus connue
- ➤ Bronze (A- ii) : la couleur originelle
- ➤ Smoke (aa Ii) : la couleur pleine de subtilités
- ➤ Noir (aa ii) : la noblesse de la panthère noire

Le mau égyptien est une race naturellement mouchetée. Aussi, les critères de beauté propres à cette race demandent-ils que ce motif, même fantôme, ressorte chez le mau smoke.

La qualité de la couleur est aussi un critère important. Aussi souhaite-t-on que le silver soit éclatant et dépourvu de tâches brunes (tarnish) et que le bronze soit coloré et dépourvu de reflets gris dans son sous-poil.

Le bronze arbore une couleur plutôt dorée ou plutôt cuivrée en fonction de la quantité de polygènes rufus. Les différents standards sont en désaccord sur la teinte jugée la plus jolie.

Ces différentes qualités s'obtiennent en jouant sur les différents polygènes grâce à la sélection.

Ainsi, le marquage fantôme du smoke est favorisé par le mariage smoke-smoke. L'augmentation du taux de polygènes à bande large met en évidence le marquage fantôme. Un smoke homozygote (aa II) aura probablement un sous-poil silver plus franc et donc un meilleur marquage. De même, l'absence de polygènes rufus favorisera la marquage fantôme.

Chez le mau noir, la base jaune du sous-poil rend le marquage fantôme moins visible. Ce marquage est encore moins visible lorsque le chat présente un fort taux de rufus.

Chez le silver, une ascendance bronze favorisera une couleur moins franche du sous-poil argent, donnant au chat une couleur un peu plus terne. Mais ce sont surtout les polygènes rufus qui donnent une coloration ocre à certaines zones de la robe. Ainsi, un mariage silver + bronze sans rufus n'est pas idéal. Un mariage silver + bronze avec rufus est à éviter.

Chez le bronze, une ascendance silver donne un fort taux de polygènes responsables d'une teinte grisonnante du sous-poil. Ainsi, un mariage silver + bronze donne des bronze au sous-poil grisâtre peu appréciés.

Les bronze avec ou sans rufus sont tout-à-fait compatibles entre eux. La diversité de ton des chatons est peu prévisible. C'est la sélection qui permet d'obtenir des chats de plus en plus dorés ou de plus en plus cuivrés. Partir de chats présentant déjà la teinte recherchée permet d'accélérer le processus.

Marier silver avec smoke donne-t-il de plus beaux silver ? Un beau smoke aura un fort pourcentage de polygènes à large bande. Les silvers issus d'un tel mariage auront donc statistiquement plus de polygènes de ce type. Cette large bande laissera une bande noire moins importante à l'extrémité du poil, ce qui se traduira par un contraste moins prononcé, donc une couleur moins appréciée.

Certaines recettes d'éleveurs parlent d'utiliser le smoke pour « nettoyer le silver », c'est-à-dire obtenir des enfants silver ayant moins de tarnish que leur parent silver. Le tarnish est dû au rufus l'utilisation du smoke n'apporte dont rien de plus que l'utilisation du silver. Cette légende vient d'une part du ait qu'un beau smoke a peu de rufus et donc en transmet peu, d'autre part sur une interprétation statistiquement incorrecte d'observations trop rares.

On retiendra donc que chez le mau égyptien, les meilleurs mariages (pour le critère de la couleur) sont :
- ➤ Silver + silver
- ➤ Smoke + smoke
- ➤ Bronze sans rufus + bronze sans rufus
- ➤ Bronze avec rufus + bronze avec rufus

Une telle simplicité est rassurante !

Bien sûr, il existe de nombreux autres critères de sélection. Le talent de l'éleveur est de choisir les critères à sélectionner à travers les mariages qu'il effectuera.

Exemple : La surdité de l'angora turc

Comme nous l'avons vu, le gène W a un impact sur le taux de mélanine. Ce gène entraîne la décoloration du poil (chats blancs). La combinaison avec des polygènes renforce l'action du gène W.

Chez un chat hétérozygote (Ww), le taux de mélanine reste assez important pour que la seule action soit la décoloration du poil.

Chez un chat homozygote, l'action des polygènes peut baisser le taux de mélanine de façon à ce que les yeux deviennent bleus (d'un ou des deux côtés), et même que le chat devienne sourd (d'un ou des deux côtés).

En mariant des chats blancs ensemble, on favorise la sélection des polygènes, et donc l'apparition de chats aux yeux bleus et de chats sourds.

En mariant les chats blancs avec des chats de couleur, on sélectionne ces polygènes en sens inverse, favorisant ainsi la naissance de chatons aux yeux non bleus et non sourds.

C'est de là que vient le principe de marier un chat blanc avec un chat de couleur pour éviter les chatons sourds. Ceci explique aussi pourquoi les chats blancs aux yeux bleus ne sont pas nombreux.

Un chat blanc hétérozygote peut donner naissance à des chats de couleur. De manière incorrecte mais très parlante, on le dit « porteur de couleur ». Reste à savoir quelle couleur. La connaissance des couleurs cachées permet de prédire les couleurs possibles chez les chatons à venir. Ces couleurs ont été transmises par les parents, mais un de ceux-ci était blanc lui-aussi... C'est donc essentiellement en regardant le couleur des chatons que l'on pourra voir ce que les parents ont transmis, mais sans toujours savoir qui a transmis quoi.

A la naissance, la température corporelle des chatons modifie l'action de la mélanine. A cause de cela, les chats blancs présentent sur le front une tache de couleur qui disparait au bout de quelques jours. Cette tache permet de connaître la couleur de base cachée par le blanc : noir, bleu roux, ... Cette tache n'est pas toujours très visible et disparait très vite.

TABLE DES MATIERES

GENETIQUE DU CHAT	**13**
Principes généraux de la génétique	**13**
Rappels généraux sur la génétique	13
Transmission des gènes	14
Règles à retenir	15
Règles statistiques	15
La génétique du chat	**17**
Gène L : longueur du poil	17
Gène H_r : présence de poils	17
Gène H_p : absence de poils	17
Gène R : texture rex cornish	18
Gène R_e : texture rex devon	18
Gène S_e : texture selkirk rex	18
Gène Y_{uc} : texture York chocolat	18
Gène L_p : texture LaPerm	18
Gène M : absence de queue	18
Gène J_b : queue en pompon du bobtail japonais	18
Gène M_k : pattes courtes du munchkin	19
Gène F_D : oreilles pliées des fold	19
Gène C_u : oreilles recourbées des curl	19
Gène P_d : polydactylie	19
Gène W_h : poils durs (wire hair)	19
Gène W : Blanc dominant (White)	19
Gène B : Couleur de base	20
Gène C : Répartition de la couleur	20
Gène W_b : White band (Tipping)	20
Gène A : Agouti	20
Gène I : Inhibition	21
Gène D : Dilution	21

Gène D_m : Dilution modifier	21
Gène Ta : Ticking	22
Gène M_c : Motifs de la robe (tigré ou mackerel)	22
Gène S_p : Motifs de la robe (Spotté)	22
Gène S : Taches blanches (white Spotting)	23
Gène O : Orange	23
Les polygènes	**24**
MECANISME DE LA COULEUR	**26**
Couleur de base	**26**
La dilution	**27**
Les chats agoutis	**27**
Le tabby fantôme	**29**
Le silver et le smoke	**29**
Le tipping	**30**
Couleur des Yeux	**31**
COULEUR, TEXTURE ET SELECTION	**34**
Exemple : les chats variants	**34**
Exemple : les couleurs de l'abyssin	**35**
Exemple : les chats smoke	**36**
Exemple : les couleurs du mau égyptien	**36**
Exemple : La surdité de l'angora turc	**38**

Découvrez le mau égyptien dans

LE CHAT MAU EGYPTIEN

Par Didier HALLÉPÉE

Et retrouvez ce qu'on dit de nos compagnons dans

CITATIONS ET PROVERBES CHATS ET CHIENS

Par Didier HALLÉPÉE

SECRETS DE CHAT

Didier HALLÉPÉE

Collection Animaux

SECRETS DE CHIEN

Didier HALLÉPÉE

Collection Animaux

MON CHAT M'A CONTÉ

Contes et légendes de la gent féline

Didier HALLÉPÉE

Collection Animaux

MON CHIEN M'A CONTÉ

Contes et légendes de la gent canine

Didier HALLÉPÉE

Collection Animaux

MON COQ M'A CONTÉ

Contes et légendes de la gent gallinacée

Didier HALLÉPÉE

Collection Animaux

MOT A MAU

MAU MEWS

Les pensées du chat mau – *Mau thoughts*

Viens, mon beau chat, sur mon cœur amoureux

Come, superb cat, on my amorous heart

Didier HALLÉPÉE

Collection Bandes Dessinées

Collection Animaux

PENSÉES ROYALES CANINES

KING BARKS

Les pensées du King Charles – King thoughts

A boy can learn a lot from a dog: obedience, loyalty, and the importance of turning around three times before lying down
                                                                                    Robert Benchley

Didier HALLÉPÉE

Collection Bandes Dessinées

Collection Animaux

GÉNÉRAL F. DE BRACK

AVANT-POSTES DE CAVALERIE LÉGÈRE

Souvenirs

Présenté par Didier HALLÉPÉE

SAINT-SIMON

MEMOIRES

TOME 1 : 1691-1699

Présenté par Didier HALLÉPÉE

Texte intégral de la première édition Chéruel (1856)

ebooks

COLLECTION ARC-EN-CIEL
Stratégie

MON OPERATEUR TELECOM ME VOLE-T-IL ?

Didier HALLÉPÉE

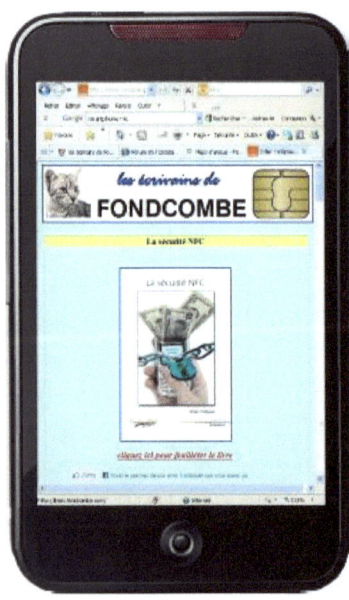

Didier HALLÉPÉE

Carrefour du net
Éditions
ebooks

COLLECTION ARC-EN-CIEL
Faits de société

Pourquoi y a-t-il des chats à poil long et des chats à poil court ? D'où viennent les couleurs ? Que sont les motifs fantômes ? Les chats blancs aux yeux bleus sont-ils sourds ?

Peut-on utiliser ce savoir pour obtenir les chatons de ses rêves ? Pour prévoir les couleurs de ces chatons ? Pour sélectionner judicieusement de futurs reproducteurs ?

Une aventure au cœur du savoir dont la déesse Bastet nous transmis les premiers éléments il y a bien longtemps dans la lointaine Egypte des pharaons.

Sa formation polytechnicienne et ses deux doctorats ne le destinaient pas à la vie féline. La découverte du plus noble des chats, le chat de maison, a finalement conduit **Didier HALLÉPÉE** sur les chemins de l'élevage. Sa soif de tout comprendre l'a conduit sur les sentiers de la génétique féline. Ce sont ces connaissances qu'il nous fait partager aujourd'hui.

www.ingramcontent.com/pod-product-compliance
Lightning Source LLC
Chambersburg PA
CBHW041751040426
42446CB00001B/6